RECETTE

CONTRE

L'EMBONPOINT,

PIÈCE EN DEUX ACTES MÊLÉE DE COUPLETS,

PAR M. VARNER,

Représentée pour la première fois, à Paris, sur le théâtre de la Gaîté, le 9 mars 1843.

DISTRIBUTION :

GOBERVILLE, négociant retiré (1)................	MM.	NEUVILLE.
GEORGES, son filleul............................		SURVILLE.
CORSIGNAC......................................		FOURNEL.
ANDRÉ...		LAISNÉ.
Un brigadier de gendarmerie....................		AMELIN.
HENRIETTE, femme de Goberville..............	Mlle	STÉPHANIE.
PAULINE, sa nièce..............................		HÉLOISE GAUTIER.
Une domestique................................		FANNY.

(1) Il est d'une énorme corpulence au premier acte ; il est diminué d'un bon tiers au commencement du second acte, et il est tout-à-fait maigre à la fin de la dernière scène.

ACTE I.

Le théâtre représente un cabinet de travail. Porte dans le fond et portes latérales ; à droite une fenêtre, à gauche un bureau avec tout ce qu'il faut pour écrire.

SCÈNE I.

HENRIETTE, CORSIGNAC.

HENRIETTE.

Que je suis donc charmée que vous veniez vous établir dans notre ville! Un docteur homéopathe est une conquête précieuse pour la ville de Verdun; nous n'avons ici que des docteurs routiniers qui vous guérissent comme ils peuvent, toujours à l'ancienne manière.

CORSIGNAC.

C'est intolérable!

HENRIETTE.

Aussi, pour mon compte, j'aimerais mieux mourir que d'en appeler un seul.

CORSIGNAC.

Vous êtes donc toujours malade?

HENRIETTE.

Mon Dieu oui!.... sans que ça paraisse, et c'est là le pire, parce qu'on ne vous plaint pas... Des maux de nerfs, des migraines... Vous comprenez cela, docteur?...

CORSIGNAC.

A merveille!... Il vous faut un traitement léger, délicat, presque rien;... mais le tout suivi avec persévérance.

HENRIETTE.

Aussi serais-je bien aise de réaliser vos projets d'union avec ma nièce, ne fût-ce que pour vous avoir toujours près de moi... Vous seriez à la fois mon neveu et mon médecin.

CORSIGNAC.

Ce serait très-commode... En avez-vous parlé à votre mari ?

HENRIETTE.

Pas encore... Depuis deux jours que vous m'avez fait savoir votre arrivée, mon mari est encore plus maussade qu'à l'ordinaire. Impossible d'entrer en conversation avec lui... Ou il gronde, ou il dort... Il n'a qu'une pensée qui

l'occupe et l'obsède sans cesse, celle de son embonpoint, qui a pris un développement des plus
formidables... Il a promis, par la voie des journaux, une somme de cent mille francs à celui
qui pourrait l'en débarrasser.

CORSIGNAC.

Rien de plus facile, et nous autres homéopa-
thes nous avons des recettes certaines.

HENRIETTE.

Air de Turenne.

Mais, vos doctrines singulières
Ne peuvent pas être de tous les goûts,
Et déjà les apothicaires
S'en plaignent beaucoup.

CORSIGNAC

                    Entre nous,
De ces messieurs je crains peu le courroux.
Je saurai bien les remettre à leur place,
Ils criront, feront du fracas ;
Mais, à coup sûr, ne viendront pas
Nous attaquer jamais en face.

HENRIETTE,

Tenez, mon mari ne croit pas à l'homéopathie..
Il est, là-dessus, d'un entêtement... il n'y a que
le succès qui puisse le ramener et le convain-
cre. Il faudrait le guérir à son insu, et sans qu'il
s'en doutât.

CORSIGNAC.

Je m'en charge... J'ai fait une foule d'expé-
riences sur les animaux gras, bœufs, moutons,
chapons et autres... En quelques jours je les
rendais méconnaissables, personne n'en voulait.
J'ai pour dissoudre l'embonpoint une poudre
très-efficace : vous en ferez prendre tous les
soirs à votre mari un trentième de pincée dans
un verre d'eau sucrée, et, en très-peu de temps,
vous le ramènerez au degré de maigreur qui
vous paraîtra le plus convenable.

HENRIETTE.

Je ne veux d'excès sous aucun rapport.

CORSIGNAC.

Vous fixerez vous-même le point où il faudra
s'arrêter.

HENRIETTE.

C'est bien... dès que la guérison sera assez
avancée, je vous promets de faire votre mariage.

CORSIGNAC

J'y compte, et vous en remercie d'avance. Je
vais chercher ma poudre souveraine ; je vous
l'apporterai ce soir,

HENRIETTE.

Vers les neuf heures... c'est le moment où il
finit de souper, et il est alors de bonne humeur.
J'en profiterai pour vous présenter.

CORSIGNAC.

C'est très-bien !... Je serai exact.

ENSEMBLE.

Air : Allons, adieu (des deux brigadiers.)

HENRIETTE.

Jusqu'au revoir,
Jusqu'à ce soir
Soyez prudent,
On vous attend.

CORSIGNAC.

Jusqu'à ce soir,
De vous revoir
Je suis vraiment
Impatient.

(*Corsignac sort ; Henriette referme doucement la
porte du fond.*)

SCÈNE II.

HENRIETTE, PAULINE.

PAULINE, *entrant avec précaution, et à part.*

Il a bien dit qu'il viendrait... peut-être qu'il
n'osera pas... j'en ai peur... Mettons-nous un
peu à la fenêtre. (*Elle ouvre la fenêtre.*)

HENRIETTE.

C'est toi, Pauline ?

PAULINE, *se retournant.*

Oui, ma tante... J'ai étudié mon piano pendant deux heures, et j'avais besoin de prendre
l'air.

HENRIETTE.

Tu aimes donc bien la musique ?

PAULINE.

Oh ! mon Dieu, non !... mais ça étourdit, ça
distrait, ça empêche de penser.

HENRIETTE.

En vérité ?... Et à quoi penserais-tu donc ?

PAULINE.

Je vous le demande !.... J'ai bientôt vingt
ans, et quand on a cet âge, à quoi voulez-vous
que l'on songe, si ce n'est à se marier ?

HENRIETTE.

C'est juste... mais le difficile est de faire un
choix.

PAULINE.

Sans doute !

HENRIETTE.

Il te faut quelqu'un qui soit encore jeune...
agréable de sa personne.

PAULINE.

Oui, ma tante.

HENRIETTE.

Qui ait de l'éducation, de bonnes manières et
des principes.

PAULINE.

Oui, ma tante.

HENRIETTE.

Eh bien ! mon enfant, nous tâcherons de te
découvrir cela.

PAULINE.

Ne vous donnez pas cette peine, je l'ai trouvé.

HENRIETTE.

Et comment, s'il vous plaît ?

PAULINE.

Oh ! mon Dieu, sans le chercher... par hasard... L'autre soir, au bal que l'on donnait à
deux lieues d'ici, pour la noce de mademoiselle
Champrogé, une de mes amies... Il y avait là
un jeune homme que je ne connaissais pas, mais
qui était fort bien... et qui m'a fait danser toute
la soirée.

HENRIETTE.

Quel est son nom ?

PAULINE.

Je l'ignore ; mais il doit appartenir à une bonne famille... Il danse à merveille, ce qui annonce une éducation très-soignée. Et comme il s'exprime ! Il fallait l'entendre ! Il me disait que j'étais jolie... qu'il m'aimait comme un fou, qu'il ne pourrait en épouser une autre.

HENRIETTE.

Et qu'avez-vous répondu ?

PAULINE.

Que cela dépendait de mon oncle, et que c'était à lui qu'il devait s'adresser pour obtenir ma main.

HENRIETTE.

C'est fort heureux... J'espère bien qu'il n'osera pas se présenter.

PAULINE.

Si ma tante... Il me l'a bien promis... Il est incapable de manquer à sa parole, et, comme je lui ai dit où nous demeurions.....

HENRIETTE.

Taisez-vous... Un homme que vous ne connaissez pas, que vous rencontrez par hasard... Tandis que nous pouvons avoir en vue un parti beaucoup plus convenable.

PAULINE

Qu'est-ce que ça vous fait, si je me contente de l'autre.

HENRIETTE.

Non, mademoiselle... Je vous défends d'y penser davantage..... Votre aventure ne peut avoir aucune suite ; et celui qui en est le héros aura sans doute assez de prudence pour ne pas venir ici chercher un refus. (*Dans ce moment Georges passe sa tête à la porte du fond, qu'il entr'ouvre.*)

PAULINE, *à mi-voix, le reconnaissant.*

C'est lui !

HENRIETTE, *se retournant.*

Qu'est-ce ?

PAULINE, *avec embarras.*

Rien... Je croyais avoir entendu... (*On entend le bruit d'une sonnette.*) En effet, le bruit de cette sonnette.

HENRIETTE.

C'est mon mari qui s'est reveillé, et qui appelle ses domestiques... (*On entend sonner de nouveau.*) Je vais voir pourquoi ils ne viennent pas... Vous, restez ici, et tâchez de vous occuper en m'attendant.

PAULINE.

Oui, ma tante.

SCÈNE III.

PAULINE, GEORGES.

GEORGES.

Enfin je vous retrouve, et je puis vous parler sans témoins.

PAULINE.

Imprudent ! Que faites-vous ? Si quelqu'un vous rencontrait !

GEORGES.

Rassurez-vous... J'ai pris mes précautions... C'est votre oncle que j'ai demandé... C'est pour lui que je viens... Comment va-t-il, le cher homme ?

PAULINE.

Toujours de même ; il continue d'engraisser.

GEORGES.

Excès de santé..... C'est là sa seule maladie.

PAULINE.

Eh ! mon Dieu oui, et il s'en tourmente beaucoup.

GEORGES.

Je le sais... Où est-il en ce moment ?

PAULINE.

Dans son cabinet, où il s'est endormi sur des paperasses, car il a un procès.

GEORGES.

C'est ce qu'il me faut : je suis avocat.

PAULINE.

Ah ! bien oui,... il ne veut voir que des médecins.

GEORGES.

Je le suis aussi.

PAULINE.

Comment, vous êtes ?...

GEORGES.

Autant l'un que l'autre ; j'ai étudié un mois la médecine, et un mois la jurisprudence. J'ai plusieurs cordes à mon arc.

PAULINE.

Je crains bien, malgré cela...

GEORGES.

Bah ! L'essentiel est de prendre pied dans sa maison. J'ai des titres à invoquer, des droits à faire valoir, et une fois que je serai en mesure...

PAULINE, *à mi-voix.*

Silence !... Voici ma tante.

GEORGES.

Et ce gros homme qui l'accompagne ?

PAULINE.

C'est son mari.

GEORGES.

Peste !... Chez lui, ce n'est pas l'étoffe qui manque ; on en ferait deux, si on pouvait le dédoubler,... et elle en aurait un de rechange.

SCÈNE IV.

LES MÊMES, HENRIETTE, GOBERVILLE, *il a un ventre énorme.*

GOBERVILLE, *à Henriette.*

C'est bon !... Je n'ai pas besoin qu'on me soutienne... Une fois que je suis en équilibre, je roule tout seul.

GEORGES, *à mi-voix.*

Parlant en descendant.

HENRIETTE *à Pauline, montrant Georges.*
Que veut ce Monsieur ?

PAULINE, *avec embarras.*
Mais... je crois... parler à mon oncle.

GEORGES.
Oui, madame, une affaire importante...

HENRIETTE.
Tout-à-l'heure, Monsieur.

GEORGES.
Ne vous gênez pas, je vous en prie. (*Henriette va chercher un fauteuil qu'elle approche pour Goberville.*)

GOBERVILLE *s'avance lentement jusqu'à la rampe.*
Quelle situation que la mienne !.. Jeune encore, retiré du commerce, mes fonds placés dans une maison sûre, une femme vertueuse, pas d'enfants pour me tourmenter... Je suis le plus heureux des hommes, et une chose m'empêche de jouir de tout cela : l'embonpoint !

GEORGES, *à mi-voix.*
Oui, ça fait contre-poids à tout le reste.

GOBERVILLE.
Quand je me fais la barbe, c'est tout au plus si je me reconnais !... Je suis passé à l'état d'éléphant !... Dans la rue on se retourne pour me voir... Le nankin n'est plus assez large pour me fournir des pantalons... Je ne serais pas reçu en omnibus... Si je veux m'asseoir, il faut que je fasse faire des fauteuils exprès pour moi... Si je dine, il faut que je me mette à table de côté.... Je vis tout de travers... Mon ventre est devenu mon ennemi, et je suis forcé de le nourrir !... Et il profite,... et il se développe !.... O nature injuste et marâtre ! (*Il se laisse tomber dans un fauteuil.*)

AIR : Vos maris en Palestine.

Pour éviter la rencontre
De plus d'un mauvais plaisant,
Je m'enferme et ne me montre
En public que rarement...
Avant-hier, qu'imprudemment
Je me hasarde à descendre,
La foule accourt, me disant :
Chez vous rentrez promptement ;
La police va vous prendre
Pour un gros rassemblement !

HENRIETTE, *s'approchant.*
Mon ami...

GOBERVILLE, *avec humeur.*
Qu'est-ce ?

HENRIETTE.
Il y a ici un étranger...

GOBERVILLE.
Je ne vous vois personne.

PAULINE.
Il faut abord parler à vous parler.

GOBERVILLE.
Je n'y suis pas.

GEORGES, *s'avançant.*
Pardon, Monsieur... Mais je suis médecin.

GOBERVILLE.
C'est différent.

GEORGES.
J'ai lu l'avis que vous avez fait insérer dans les journaux, et je viens pour vous guérir.

GOBERVILLE.
Soyez le bien venu... Voyez, et dites moi ce qu'il y aurait à faire ?

GEORGES.
Il faut d'abord que je vous examine... et que je vous adresse quelques questions hygié—niques.

GOBERVILLE.
C'est juste... la consultation de rigueur.(*A Henriette et à Pauline.*) Laissez-nous.

HENRIETTE, *en s'en allant.*
Voilà un docteur qui est bien jeune, pour avoir beaucoup appris.

PAULINE.
Du moins il n'a pas eu le temps d'oublier.

(*Elles sortent toutes deux.*)

<hr>

SCÈNE V.

GEORGES, GOBERVILLE.

GOBERVILLE
Nous voilà seuls, Monsieur... Puis-je d'abord savoir qui vous êtes ?

GEORGES.
Comment! vous ne me remettez pas, moi qui suis presque de la famille, que vous avez connu si jeune, que vous avez fait sauter sur vos genoux!

GOBERVILLE, *avec incrédulité.*
Allons donc !

GEORGES.
Mais oui... Je suis votre filleul, Georges Duvernois.

GOBERVILLE.
Pas possible !... le petit Georges !...

GEORGES.
Certainement... Vous trouvez que j'ai pro—fité?

GOBERVILLE.
En effet... Comme nous sommes changés tous deux... Toi, en hauteur, moi en largeur.

GEORGES.
Permettez au moins que je vous embrasse. (*Il est arrêté par le ventre de Goberville.*)

GOBERVILLE.
Ce serait avec plaisir... mais entre nous il n'y a pas possibilité de rapprochement.

GEORGES. *lui frappant sur le ventre.*
Je ferai bientôt disparaître l'obstacle qui nous sépare.

GOBERVILLE.
Je m'y prêterai de tout mon cœur.

GEORGES.
Il faut d'abord que je mesure l'étendue du mal. *Il prend un ruban et mesure le ventre de Goberville.*) Diable! vous aurez beaucoup à perdre... Deux mètres de tour !... Quelle voix vous auriez si vous étiez ventriloque !

GOBERVILLE.

Moi, dont la taille tenait jadis dans les dix doigts!

GEORGES.

C'est là que je veux vous ramener... Voyons, qu'est-ce que vous mangez?

GOBERVILLE.

Une demi-douzaine de côtelettes à mon déjeûner.

GEORGES.

Et à dîner?

GOBERVILLE.

Du rosbiff, du gigot... et autres petites choses...

GEORGES

Je ne m'étonne pas... Il ne faut plus manger.

GOBERVILLE.

Par exemple!... Comment veux-tu que je vive?

GEORGES.

Sur le passé!... Vous avez de la marge.

GOBERVILLE.

Bien obligé du régime.

GEORGES.

Vous vous y ferez...

Air : Patrie, honneur.

De déjeûner, de souper, de dîner,
Quand il s'agit de perdre l'habitude,
Il faut d'abord beaucoup se raisonner,
Le premier mois est difficile et rude ;
Mais le second va tout seul.

GOBERVILLE.

Je crois bien,
Car on n'a plus alors besoin de rien ;
Oui, de dîner on se passe fort bien,
Car on n'a plus alors besoin de rien.

GEORGES.

Combien dormez-vous?

GOBERVILLE.

Douze heures par jour.

GEORGES.

Il ne faut plus dormir.

GOBERVILLE.

Et le moyen?

GEORGES.

En ne vous asseyant pas... Marchez... prenez de l'exercice... promenez-vous sans cesse.

GOBERVILLE.

Va te promener toi-même... Je ne veux pas, ça me fatigue.

GEORGES.

Si vous persistez à dormir et à manger, comment voulez vous guérir?

GOBERVILLE.

Ça te regarde ; tu es médecin... trouve un moyen.

GEORGES.

Il y en aurait peut-être un autre.

GOBERVILLE.

Je préfère celui-là... sans le connaître.

GEORGES.

Mais ce sera plus long. La question est complexe... il est inutile de vous l'expliquer.

GOBERVILLE.

Cependant, si tu veux que je comprenne...

GEORGES.

Eh bien !... il s'agit de tempérer la sève exorbitante qui domine chez vous.

GOBERVILLE.

Je comprends...

GEORGES.

Que faut-il pour cela? établir une lutte entre l'art et la nature, attaquer par des remèdes anodins votre constitution trop généreuse, la dompter, la modifier, la restreindre... Il faut expérimenter et remédicamenter, sans jamais s'arrêter.

GOBERVILLE.

Et où comptes-tu me faire aller avec ça?

GEORGES.

Vous le saurez plus tard... Ce n'est pas l'affaire d'un jour... C'est une œuvre laborieuse... Mais si vous le voulez, je m'y dévoue tout entier... Je vous sacrifie ma clientèle à venir, et mes espérances de fortune.

GOBERVILLE.

Qu'est-ce que tu me chantes-là !

GEORGES.

Je m'établis dans votre maison... j'y logerai pour vous voir plus souvent; je dînerai à votre table, afin de vous observer pendant les repas, de goûter de tout ce que vous mangerez. Enfin, vous avez une nièce; je l'épouse, pour qu'il y ait un lieu de plus qui me rattache à votre personne et à votre chère santé.

GOBERVILLE.

Mais tu ne sais pas que Pauline a une dot considérable.

GEORGES.

Que m'importe ! je passe par là-dessus.

GOBERVILLE.

Moi, je n'y passe pas... Tu n'as rien, pour le moment.

GEORGES.

Mais j'ai tout à espérer pour l'avenir... Le ciel ne m'a-t-il pas départi un parrain riche et généreux, qui m'a déjà donné un nom, et qui ne s'en tiendra pas là.

GOBERVILLE.

Si fait!.... Ma générosité est épuisée.

GEORGES.

Oh! que non... Ce n'est pas votre dernier mot.

GOBERVILLE.

Je te répète encore....

GEORGES.

Comment! vous ne me donnerez rien.

GOBERVILLE.

Je te donnerai ma bénédiction.

GEORGES.

Et pas autre chose avec?

GOBERVILLE.

A souper ce soir, si tu veux.

GEORGES.

J'accepte...

GOBERVILLE.

Seulement, n'y reviens pas trop souvent... Il

ne faut jamais abuser des politesses qu'on vous fait.

GEORGES.

Il n'y a pas de danger... vous y mettez trop de bonne grâce.

GONNEVILLE.

Va prévenir à ton hôtel pour qu'on ne t'attende pas... et surtout ne me fais pas attendre.

GEORGES.

Soyez tranquille... chemin faisant, je rêverai aux moyens de vous faire maigrir.

GONNEVILLE.

Moi, je vais dire qu'on mette un plat de plus. *(Il sort à gauche.)*

SCÈNE VI.

GEORGES, *puis* PAULINE.

GEORGES.

Quel diable d'homme!.. chez lui, l'affection ne peut pas se faire jour... la graisse étouffe le sentiment... Ce n'est pas de son côté qu'il y a des chances... et si nous ne réussissons pas mieux près de la tante..... *(Voyant entrer Pauline.)* Ah! Dieu soit loué!.. vous voilà! j'étais si impatient de vous revoir!.. Qu'avez-vous à m'annoncer?

PAULINE.

Hélas! de bien mauvaises nouvelles!

GEORGES.

En vérité?

PAULINE.

Je viens d'avoir une explication avec ma tante, et elle m'a déclaré ses intentions expresses, irrévocables... Ma main est promise à un médecin... un vrai docteur...

GEORGES.

Il ne manquait plus que cela : le mari qui est déjà contre moi, parce que je n'ai rien!.. Mais on pourrait peut-être ramener votre tante à d'autres idées.

PAULINE.

Comment?

GEORGES.

En l'intéressant à notre sort, en lui ouvrant notre âme, en lui peignant l'ardeur de notre amour.

PAULINE.

Comment voulez-vous qu'elle y croie? elle n'a jamais aimé personne.

GEORGES.

C'est fort agréable pour son mari.

PAULINE.

Elle ne suppose pas que le cœur puisse se laisser surprendre, elle se vante d'être insensible.

GEORGES.

Je lui en fais bien mon compliment... C'est donc une vertu?..

PAULINE.

Tout ce qu'il y a de plus vertu.

GEORGES, *à part.*

Alors, on ne risque rien de la compromettre, elle se tirera toujours d'affaire... et comme elle

me sera fort utile pour l'exécution du plan que j'ai conçu...

PAULINE.

Que dites-vous?

GEORGES.

Qu'il ne me reste plus qu'un espoir, qu'un parti à prendre. c'est de faire maigrir votre oncle, pour me concilier ses bonnes grâces... Et il faudra bien qu'il maigrisse.

PAULINE.

Les docteurs prétendent que c'est impossible.

GEORGES.

Peut-être pour des savants... mais pour moi... je tiens, je crois, la recette! *(Il se met à la table et écrit.)*

PAULINE.

Qu'est-ce que vous écrivez donc là?

GEORGES.

Une ordonnance pour votre oncle... Ne vous ai-je pas dit que j'étais médecin?

PAULINE.

En effet!

GEORGES, *répétant les mots à mesure qu'il écrit.*

Ma chère et bien-aimée Henriette... *(Il continue d'écrire.)*

PAULINE.

Henriette?.. Tiens! une ordonnance pour mon oncle, vous l'adressez à ma tante?

GEORGES.

Tout n'est-il pas commun entre mari et femme?

PAULINE.

C'est juste, mais...

GEORGES.

Ne vous inquiétez pas... J'ai mes projets... promettez-moi seulement de les seconder.

PAULINE *souriant.*

Sans les connaître?

GEORGES.

Il serait trop long de vous les expliquer.

PAULINE.

Soit... ne me dites que ce qu'il faudra faire... J'ai en vous une confiance aveugle.

GEORGES.

Je la justifierai, je vous le jure... et je vais sans perdre une minute... *(prenant un volume sur le bureau)* Qu'est-ce que c'est que ça?

PAULINE.

C'est le livre de compte de mon oncle avec la maison Riboulet de Marseille, où il a placé cent mille écus.

GEORGES.

Diable! c'est un volume fort intéressant.

PAULINE.

Aussi mon oncle le prend-il tous les soirs, avant de se coucher... Il en lit dix lignes et s'endort.

GEORGES.

Il en a pour quelque temps de cette lecture.

PAULINE.

Il en est à cette page-là, qu'il a commencée hier, et qu'il finira sans doute aujourd'hui.

GEORGES.

Une idée... *(A part, glissant dans le livre de*

compte la lettre qu'il vient d'écrire.) Ma foi,
c'est une chose à tenter... Qu'est-ce que je risque? *(Il referme le livre.)* Et maintenant, fions-
nous à la fortune.

PAULINE.

Vous avez peut-être tort... elle qui vous a
traité si mal.

GEORGES.

Sans doute... Mais que se passe-t-il donc?
je sens trembler le plancher.

PAULINE.

C'est mon oncle qui nous arrive, je reconnais
son pas habituel.

GEORGES.

Bien... ne regardez-pas de son côté, et pa-
raissez surprise de ce que je vais vous dire.

PAULINE.

Quoi donc?

SCÈNE VII.

GEORGES, PAULINE, GOBERVILLE.

GOBERVILLE *entre lentement et s'arrête aux deux
tiers du théâtre.*

GEORGES, *sur le devant du théâtre et d'un ton
mystérieux.*
Oui, mademoiselle, le pauvre jeune homme
est amoureux d'elle.

PAULINE, *à mi-voix.*
De qui?... je ne comprends pas.

GEORGES *de même.*
C'est ce qu'il faut... *(A part.)* Il nous écoute.
(Haut.) Hélas! cette passion a déjà fait dans
son cœur un affreux ravage!... C'est de la fu-
reur, c'est du délire.

PAULINE, *à mi-voix.*
Je n'y suis plus du tout.

GEORGES, *de même.*
Au contraire, vous êtes parfaitement dans votre rôle.

GOBERVILLE, *à part.*
Qu'est-ce qu'il lui conte là?

GEORGES.

Entre nous, je crois qu'il est aimé... Peut-
être mieux que ça... Mais il est discret... il
ne veut pas la compromettre, et j'approuve sa
délicatesse, parce qu'une femme qui s'observe,
qui a, dans le monde, un rang comme... votre
tante...

PAULINE.

Ma tante!

GEORGES.

Chut!

GOBERVILLE, *à part.*
Il est question de ma femme!... Si j'essayais
de me glisser un peu plus près. *(Il accroche une
chaise et la fait tomber.)*

GEORGES, *se retournant.*
Qui est-ce qui est là?

PAULINE, *allant à Goberville,*
C'est vous, mon oncle?

GOBERVILLE.

Peste soit de mon ventre!... On ne peut passer nulle part sans s'accrocher aux meubles.

GEORGES.

Au moins vous ne vous êtes pas fait mal?

GOBERVILLE.

Eh! non, parbleu! Mais je suis d'une colère!...

GEORGES.

Ça se passera plus vite qu'une contusion.

GOBERVILLE.

De quoi causiez-vous donc tous deux?

GEORGES, *avec un étonnement affecté.*
Est-ce que nous causions?

GOBERVILLE.

Mais, oui!...

GEORGES.

De choses indifférentes et qui ne valent pas la
peine de vous être répétées.

PAULINE.

Non, sans doute.

GOBERVILLE.

Raconte toujours.

GEORGES.

D'ailleurs, il se fait tard, et il faut que j'aille
dire à mon hôtel qu'on ne m'attende pas pour
souper.

GOBERVILLE, *à part.*
Il est bien aise d'échapper à mes questions.

GEORGES.

Au revoir, mon parrain.

GOBERVILLE, *à part.*
Il a un embarras qui n'est pas naturel.

GEORGES, *à part, en s'en allant.*
Bon!... voilà sa tête qui commence à tra-
vailler. *(Il sort.)*

SCÈNE VIII.

PAULINE, GOBERVILLE.

GOBERVILLE, *à part.*
On ne devrait pas être curieux quand on est
si gros, parce qu'on arrive toujours trop tard...
Cependant je grille de savoir... Si je m'y pre-
nais avec adresse, moi qui suis encore plus
malin que... je ne suis. *(Il montre son ventre.)*
Essayons... *(Il fait signe à Pauline de s'ap-
procher.)* Tu n'ignores pas, chère amie, qu'une
demoiselle bien élevée ne doit pas avoir de se-
crets pour ses parents.

PAULINE.

C'est ce qu'on m'a dit souvent à la pension;
mais où voulez-vous en venir?

GOBERVILLE.

Il y a longtemps que je t'ai promis quelque
chose.

PAULINE.

C'est vrai, mais je n'y pense plus.

GOBERVILLE.

Eh bien! je te donnerai tout ce que tu vou-
dras, si tu me racontes ce que Georges tu disait
tout-à-l'heure.

PAULINE.

Je serais bien embarrassée, je vous assure.

GOBERVILLE.

Comment cela ?

PAULINE.

C'était si insignifiant... et j'y ai fait si peu d'attention...

GOBERVILLE.

Il me semble pourtant qu'il te parlait d'un jeune homme.

PAULINE.

En effet.

GOBERVILLE.

Qui était amoureux.

PAULINE.

Quelque chose comme ça.

GOBERVILLE.

Ce jeune homme... quel est-il ?

PAULINE.

Je l'ignore.

GOBERVILLE.

Mais la dame objet de sa passion ?

PAULINE.

Il ne me l'a pas nommée.

GOBERVILLE.

Tu ne soupçonnes pas qui ce peut être ?

PAULINE.

Je n'ai pas la moindre idée.

GOBERVILLE.

Oh ! je ne suis pas ta dupe !... Tu en sais plus que tu n'en dis.

PAULINE.

Moi, mon oncle ? Par exemple ! est-ce que vous supposeriez ?...

GOBERVILLE, *à mi-voix.*

Il suffit... Je ne t'en demande pas davantage... Voici ta tante. (*A part.*) Je suis sûr de ne pas m'être trompé.

PAULINE, *à part.*

Qu'est-ce que mon oncle a donc ce soir ?

(*Elle va s'asseoir et prend sa broderie.*)

....

SCÈNE IX.

LES MÊMES, HENRIETTE.

(*Un domestique apportant deux flambeaux allumés qu'il pose.*)

HENRIETTE.

J'ai donné des ordres, et le souper sera bientôt servi.

GOBERVILLE, *froidement.*

Est-ce que c'est déjà l'heure ?

HENRIETTE.

Mais oui... Je me sens même en appétit.

GOBERVILLE.

C'est que, sans doute, vous avez pris l'air, vous êtes sortie.

HENRIETTE.

Je suis allée chez mes cousines, qui demeurent au bout de la ville.

GOBERVILLE.

Vous avez fait une fameuse promenade !

HENRIETTE.

Mais oui.

GOBERVILLE.

Et, en route, il ne vous est rien arrivé d'extraordinaire ?

HENRIETTE.

Que vouliez-vous qu'il m'arrivât ?

GOBERVILLE.

Vous n'avez pas rencontré ?...

HENRIETTE.

Qui ?

GOBERVILLE.

Ce petit monsieur, si empressé, si galant !

HENRIETTE, *étonnée.*

Ce petit monsieur ?...

GOBERVILLE.

Il est peut-être grand... Le fait est qu'il vous suit partout.

HENRIETTE.

En voilà la première nouvelle.

GOBERVILLE.

C'est que les jeunes gens de Verdun sont si audacieux !

HENRIETTE.

Ils n'oseraient pas s'adresser à moi.

GOBERVILLE, *à part.*

Décidément, je ne saurai rien par elle !

HENRIETTE, *à part.*

Il a l'air intrigué et de mauvaise humeur.... *Haut.,* Vous ne voulez pas faire un tour de jardin ?

GOBERVILLE.

J'aime mieux me reposer.

HENRIETTE, *lui approchant un fauteuil.*

Voici un fauteuil.

GOBERVILLE.

Merci... je vais m'amuser à revoir mes comptes avec la maison Riboulet. (*Il s'assoit.*)

HENRIETTE, *à Pauline.*

C'est-à-dire qu'il va s'endormir. (*Haut.*) Vous vous coucherez de bonne heure, n'est-ce pas ?

GOBERVILLE.

Aussitôt que j'aurai soupé.

PAULINE, *à mi-voix à Henriette.*

Il me semble qu'il est ce soir bien agité.

HENRIETTE.

C'est égal, ça ne manque jamais son effet... Quand il est aux prises avec ses chiffres... Nous n'avons qu'à ne pas le regarder.

GOBERVILLE, *à part.*

Tiens !.... Une lettre sans signature. (*Lisant.*) « Ma chère Henriette... » C'est pour ma femme ! *Parcourant la lettre des yeux.*) O ciel !

HENRIETTE, *sans se retourner.*

Est-ce que vous avez découvert une erreur ?

GOBERVILLE.

J'en ai peur,... ce serait même une erreur un peu forte. (*Il se frotte le front.*)

HENRIETTE, *à Pauline.*
Sur laquelle il aura bientôt fermé les yeux.

GOBERVILLE, *continuant à lire à part.*
« Ma chère Henriette, si je peux venir ce
« soir, je serai à neuf heures sous ta fenêtre. »
(*S'interrompant.*) Il la tutoie !... « Pour t'an-
« noncer ma présence, je jouerai sur ma clari-
« nette l'air : *Tandis que tout sommeille !*

HENRIETTE, *à Pauline.*
Ferme-t-il les yeux ?

PAULINE, *de même.*
Pas encore.

GOBERVILLE.
Suis-je bien éveillé ? (*Continuant de lire.*)
« Si tu peux me recevoir, ouvre la fenêtre, et
« je viendrai comme à l'ordinaire par la petite
« porte ! Si (*S'interrompant.*) La petite porte ! Si
j'y allais ! Je ne peux pas y passer. (*Il se
laisse retomber sur son fauteuil, puis reprend
sa lecture.*) « S'il n'était pas encore endormi. »
(*S'interrompant.*) C'est de moi qu'il s'agit !
(*Continuant.*) « Je reviendrai, plus tard,... à
« deux heures après minuit,.... aujourd'hui,
« demain, après demain,.. toutes les nuits !.. »
(*Se levant vivement, et faisant un bond en
avant.*) Le scélérat !.. Je sens une sueur
froide !....

PAULINE, *allant à lui pour le soutenir.*
Ah ! mon dieu !

HENRIETTE, *faisant le même mouvement.*
Est-ce que vous seriez indisposé ?

GOBERVILLE.
Apparemment.

HENRIETTE.
Ça vous a pris bien vite !

GOBERVILLE.
Comme un coup de foudre ! Je respire à
peine. (*Il va ouvrir la fenêtre.*

HENRIETTE.
Qu'avez-vous, mon ami ?

GOBERVILLE, *à part.*
Son ami !... (*Haut.*) Je ne puis le dire
(*Montrant Pauline.*) devant elle.

PAULINE.
Faut-il que j'appelle un médecin ?

GOBERVILLE.
Non,... laisse moi avec ta tante, j'ai à lui
parler.

PAULINE.
Mais, mon oncle, dans l'état où je vous vois !

GOBERVILLE, *se fâchant.*
Laisse-nous, te dis-je.

PAULINE.
Ne vous fâchez pas,.. je m'en vais. (*Elle
sort.*)

GOBERVILLE, *à Henriette, en grossissant sa
voix.*
Restez, Madame.

HENRIETTE, *à part.*
O ciel ! Avec ses yeux hagards, il commence à
m'effrayer. (*Elle fait quelques pas à reculons,
Goberville va à elle, la prend par le bras et la
ramène sur le devant du théâtre.*

SCÈNE X.

GOBERVILLE, HENRIETTE.

GOBERVILLE.
Épouse coupable, je puis pardonner encore,
mais avouez tout !

HENRIETTE.
Quoi ?

GOBERVILLE.
Vous ne pouvez plus rien cacher.

HENRIETTE.
Je ne sais pas ce que vous voulez dire !...

GOBERVILLE.
Je vais vous l'apprendre. (*D'une voix étouf-
fée.*) Ce soir,... à neuf heures,.... sous votre
fenêtre,... pour signal une clarinette :... il
faut être bien mal embouché !

HENRIETTE.
Je ne comprends pas.

GOBERVILLE.
Laissez donc !

HENRIETTE.
Tout ceci est une énigme...

GOBERVILLE.
Qui va bientôt s'expliquer. (*On entend sonner l'heure.*) Tenez, voilà neuf heures.

HENRIETTE.
Eh bien ? (*On entend jouer l'air, Tandis que
tout sommeille.*)

GOBERVILLE.
Entendez-vous, maintenant ?

HENRIETTE.
Qu'est-ce que ça signifie ?...

GOBERVILLE.
Vous me le demandez !

HENRIETTE.
Parce que je l'ignore.

GOBERVILLE.
Il est inutile de feindre. (*Il va ouvrir la croisée.*) J'ai ouvert la croisée... j'ai donné le
signal,.... il va venir.

HENRIETTE.
Qui ?

GOBERVILLE.
Celui que vous attendez,.... qui doit être en
ce moment sous votre fenêtre... Oui, il y est.
(*Il s'approche de la fenêtre.*) Mais impossible
de me pencher pour le voir, mon ventre ne me
le permet pas.

HENRIETTE, *qui a été regarder à la croisée.*
Quoi? Vous auriez des soupçons contre moi?

GOBERVILLE.
Si vous disiez des preuves?

HENRIETTE.
Vous êtes fou !

GOBERVILLE.
Non.... je suis autre chose !.... Mais je con-
naîtrai l'audacieux.

HENRIETTE.
Si vous pouviez aussi me le faire connaître.

GOBERVILLE.

Oh! il ne m'échappera pas,... il faut qu'il passe par ici; je reste... Je le guetterai jusqu'à deux heures du matin, toute la nuit s'il le faut.

HENRIETTE.

Et s'il ne vient personne?

GOBERVILLE.

Je recommencerai demain, après demain,... et ainsi de suite jusqu'à ce que je le tienne!

HENRIETTE, *à part.*

Décidemment il extravague.

GOBERVILLE, *entendant ouvrir la porte.*

Ah!

SCÈNE XI.

LES MÊMES, GEORGES.

GEORGES.

Pardon, mon cher parrain, et vous, madame, de m'être fait attendre pour le souper.

GOBERVILLE.

En effet, je commençais à croire....

GEORGES.

Que j'avais oublié votre invitation?.. J'en suis incapable.

GOBERVILLE, *à part.*

Il s'agit bien de ça?

HENRIETTE.

Heureusement qu'on peut réparer le temps perdu.

GEORGES.

Au surplus, ce n'est pas ma faute... Vous saurez que j'ai ici un de mes amis, le commis principal d'un négociant de Verdun, qui fait en gros le commerce des anis....

GOBERVILLE.

Eh bien?

GEORGES.

Je viens de le rencontrer qui montait en chaise de poste... et il a fallu lui faire mes adieux... *(Baissant la voix)* Il se rend à Marseille pour le compte de son patron, parce que la maison Riboulet donne des inquiétudes.

GOBERVILLE, *sautant.*

La maison Riboulet!

HENRIETTE, *à part.*

Ah! mon Dieu! quel bond il vient de faire.

GEORGES.

Je vous dirai même, sous le secret, que les affaires de cette maison vont très-mal.

GOBERVILLE.

Miséricorde!... Qu'est-ce que tu m'apprends là?

GEORGES.

Chut! c'est un affreux désastre!.. Il va pour tâcher de sauver une partie des fonds de son patron.

GOBERVILLE.

Crois-tu encore qu'il y parvienne?

GEORGES.

Sans doute!... s'il arrive un des premiers... parce que les autres.... n'auront rien.

GOBERVILLE.

Et moi qui ai là trois cent mille francs?

GEORGES.

O ciel! si je l'avais su!

GOBERVILLE.

Qu'aurais-tu fait?

GEORGES.

J'y aurais mis plus de ménagement.

GOBERVILLE.

Le coup est porté.... il est violent... je me soutiens à peine. *(Il se laisse tomber sur Georges.)*

GEORGES, *le soutenant avec effort.*

C'est que vous ne vous soutenez pas du tout.

HENRIETTE, *à mi-voix, appelant à elle Georges.*

Mon mari est malade, n'est-ce pas?

GEORGES, *à mi-voix.*

Un petit mouvement de fièvre... Ce ne sera rien.

GOBERVILLE.

Georges!..

GEORGES.

Mon parrain?

GOBERVILLE.

Donne-moi un conseil.

HENRIETTE.

Donnez-lui un calmant.

GOBERVILLE.

Qu'est-ce que je dois faire?

GEORGES.

Il faudrait partir sur-le-champ.

GOBERVILLE.

J'entends bien... mon argent... mes intérêts... D'un autre côté, laisser ma femme...

GEORGES.

C'est à vous de voir si vous voulez tout perdre.

GOBERVILLE.

Non, sans doute. *(A part)* Ici un rendez-vous, là-bas une faillite!.. Quel embarras!

HENRIETTE.

Mais qu'est-ce qu'il a donc?

SCÈNE XII.

LES MÊMES, CORSIGNAC.

CORSIGNAC, *entr'ouvrant la porte à gauche et passant sa tête.*

Peut-on entrer?

HENRIETTE, *le repoussant.*

Pas dans ce moment.

CORSIGNAC.

Pourquoi donc?

HENRIETTE.

Vous le saurez plus tard. *(Elle referme la porte et aperçoit Goberville qui l'observe)* Ah!

GOBERVILLE, *avec une colère concentrée.*

C'est lui! c'est le galant!!

GEORGES, *à part.*

Tiens! tiens!.. comme elle est rouge.

GOBERVILLE.

Je le connais, maintenant!.. Il voulait entrer.. et, si j'avais été plus leste...

HENRIETTE, *à part.*

Lui qui a déjà des soupçons !

GEORGES, *à part, l'observant.*

Est-ce que la femme de mon parrain?...
Hein !.. son trouble, son air de contrainte...

HENRIETTE, *à part, regardant Goberville.*

Au : du dîner de garçon.

Dieu ! quels regards !

GEORGES, *à part.*

C'est en effet
Un démon jaloux qui l'inspire,
Et j'éprouve quelque regret
Des lignes que je viens d'écrire.
Supposer qu'un objet charmant
A trompé son époux auguste,
Le supposer en plaisantant,
C'est même un tort... car, trop souvent,
On risque de rencontrer juste.

SCÈNE XIII.

LES MÊMES, PAULINE.

PAULINE.

Ma tante, le souper est servi !

GEORGES.

Excellente nouvelle !

HENRIETTE.

Quand ces messieurs voudront...

GEORGES.

Allons, mon parrain, de la gaîté ! Je vous
ferai raison le verre à la main. (*Lui frappant
sur le ventre.*) Vous devez être un joyeux con-
vive... (*Offrant la main à Henriette.*) Allons
souper !.

GOBERVILLE.

Je ne souperai pas !

HENRIETTE.

Il me semble pourtant que vous devez avoir
faim.

GOBERVILLE, *élevant la voix.*

Que vous importe?.. Je ne souperai pas.

HENRIETTE.

Mais c'est la première fois...

GOBERVILLE.

Il y a commencement à tout.

GEORGES.

Même à ne pas manger... Il ne s'agit que de
s'y faire.

PAULINE.

Venez-vous au moins avec nous?

GOBERVILLE.

Non... Je reste ici... J'ai des notes à prendre, des lettres à écrire avant mon départ.

HENRIETTE.

Comment ! vous partez?

GOBERVILLE.

Demain matin à cinq heures.

GEORGES, *à part.*

Bravo !

HENRIETTE.

Il faudrait alors vous coucher.

GOBERVILLE.

Je ne me coucherai pas !

PAULINE, *à part.*

En voici bien d'une autre.

HENRIETTE.

Mais vous vous rendrez malade !

GOBERVILLE.

Qu'est-ce que ça vous fait? Si je veux l'être !
(*Il agite la sonnette et appelle*) Baptiste, Jac-
quemin, André !... Voyez s'ils viendront, les
drôles ! (*Il arpente le théâtre et sonne toujours*)
Il faudra que j'aille les chercher?

GEORGES, *à part.*

Dans ce moment il ne pèse pas une once.

SCÈNE XIV.

LES MÊMES, ANDRÉ, BAPTISTE, JACQUEMIN.

ANDRÉ.

Vous avez sonné, monsieur ?

GOBERVILLE.

Depuis une heure... Je pars... Qu'on pré-
pare ma valise et celle de madame !

HENRIETTE.

Je serai donc aussi du voyage ?

GOBERVILLE.

Certainement.

HENRIETTE.

C'est que nous serons un peu gênés dans la
voiture.

GOBERVILLE.

Tant pis !... ça vous contrarie... mais ça
m'est égal.. Je ne vous laisserai pas ici. (*Aux domestiques.*) Vous m'avez entendu? Qu'est-ce que
vous faites-là, vous autres (*Les domestiques sortent à l'exception d'André.*) A-t-on de la peine
à faire marcher les gens.

GEORGES.

Non... quand on leur donne l'exemple.

ANDRÉ, *revenant sur ses pas, à voix basse à Henriette.*

Qu'est-ce qu'il faudra faire des petits paquets
de poudre que vous m'avez remis?

HENRIETTE, *à mi-voix.*

Silence ! je vous le dirai.

GOBERVILLE, *à part.*

Il s'entend avec ma femme... Je suis trahi,
trompé de tous les côtés !

PAULINE.

Mon Dieu ! mon oncle, quelle agitation !

GOBERVILLE.

Moi? au contraire, je suis calme, je suis
tranquille.... (*A part, observant Henriette*)
Comme elle est troublée !

GEORGES, *à part.*

Ça va bien ! il ne veut pas dormir... il ne
songe plus à manger... il est inquiet.... il a
peur... Pour peu que ça augmente il faudra

bien qu'il diminue ! (*Il offre la main aux dames pendant que Goberville qui les regarde partir s'essuie le front avec son mouchoir.*

CHOEUR.

Air de chasse de Macpou.

Allons chercher à table,
Un repas confortable,
La prudence vous dit :
Qu'on a grand tort, sans doute,
Quand on se met en route
Avec de l'appétit.

GOBERVILLE, *à part.*

Ils vont se mettre à table ;
Moi je me donne au diable !

Ah ! j'en perdrai l'esprit.
Prés de me mettre en route,
Le mal que je redoute
Me coupe l'appétit.

HENRIETTE ET PAULINE, *à part observant Gaberville.,*

On va se mettre à table,
Et lui, c'est incroyable,
Il n'a plus d'appétit.
Un malheur qu'il redoute
Est la cause, sans doute,
Qui lui trouble l'esprit.

(*Goberville arpente le théâtre avec précipitation ; haletant, n'en pouvant plus, il se laisse tomber sur un tabouret qu'il brise dans sa chute*)

FIN DU PREMIER ACTE.

ACTE II.

La scène se passe à Autun. Le théâtre représente une salle d'auberge ; à gauche, dans le fond, on lit sur une porte le mot : étuve.

SCÈNE I.

HENRIETTE, PAULINE, CORSIGNAC.

CORSIGNAC.

Eh bien ! madame, comment vous trouvez vous de votre séjour à Autun ?

HENRIETTE.

Mais mon rétablissement a été beaucoup plus prompt que je ne l'espérais.

CORSIGNAC.

Et vos maux de nerfs ?

HENRIETTE.

De temps en temps seulement... Mais si je ne les avais pas, il me manquerait quelque chose, je ne me croirais pas en parfaite santé.

CORSIGNAC.

Oui... je conçois... on tient à ses habitudes.

PAULINE.

Savez vous, ma tante, que vous m'avez donné bien de l'inquiétude, lorsque votre indisposition soudaine a obligé mon oncle à vous laisser dans cette ville.

HENRIETTE.

J'étais hors d'état d'aller plus loin... la fatigue, l'émotion, une fièvre ardente... c'était sérieux.

CORSIGNAC.

Et je n'étais pas là pour vous soigner !

PAULINE.

Heureusement qu'à Autun les soins ne manquent pas.

CORSIGNAC.

C'est-à-dire qu'il y a des médecins qui vous traitent sans ménagement... au grand galop... Ils ne savent pas faire durer une maladie. (*A Henriette.*) Et que vous ont-ils ordonné ?

HENRIETTE.

Des distractions, des promenades et du sommeil.

CORSIGNAC.

Ça ne peut pas faire de mal.

HENRIETTE.

Je me suis fait transporter dans cette auberge qui est bien située, aux portes de la ville, et où sont établis des bains russes, dont l'usage m'est fort salutaire.

CORSIGNAC.

Je le crois sans peine... Vous êtes sujette aux vapeurs, vous les combattez par la vapeur... *Similia similibus.* C'est la base du système homéopathe.

HENRIETTE.

Je le trouve excellent.

CORSIGNAC.

C'est ce que tout le monde dit.

Air : Contentons-nous.

On rend hommage à notre beau système.

HENRIETTE.

Votre succès est partout assuré.

CORSIGNAC.

S'il revenait, Hippocrate lui-même
Ne serait plus qu'un docteur arriéré.
Nous attaquons le mal à sa racine,
En le forçant à changer de berceau ;
Et, pour guérir un rhume de poitrine,
Nous faisons prendre un rhume de cerveau.

Et votre mari, quelles nouvelles de sa santé, de son embonpoint ?

HENRIETTE.

Il ne m'en parle pas dans sa lettre... il est
occupé.

CORSIGNAC.

Avez vous fait ce que j'avais dit?

HENRIETTE.

Pendant deux jours j'ai versé moi-même
dans son verre la poudre qu'il devait prendre.

CORSIGNAC.

Et quand vous vous êtes séparés?

HENRIETTE.

J'ai chargé secrètement de ce soin André,
qui est un domestique exact et discret.

CORSIGNAC.

Alors je suis tranquille; il maigrira... un peu
plus... ou un peu moins... un peu plus tôt,
ou un peu plus tard... Le temps ne fait rien à
l'affaire.

PAULINE.

Je vous demande pardon... mon oncle n'a
pas de patience.

CORSIGNAC.

Nous lui en donnerons; avec nous, il faut
bien qu'on en ait.

PAULINE, *à part.*

Je crois au moins qu'on en a besoin.

HENRIETTE, *à Pauline.*

Ma chère amie, je me sens des dispositions à
souffrir... veux-tu prier la domestique de me
préparer le bain de vapeur que j'ai demandé.

PAULINE.

Oui ma tante. *(A part.)* Monsieur Corsignac
a quelque chose à lui dire. (*Elle remonte le
théâtre et dit à voix basse quelques mots à une
domestique qui se montre, et qui après un court
entretien, sort par la porte qui conduit à l'étuve.*
CORSIGNAC *à Henriette sur le devant du théâtre.*

Vous êtes vous décidée à faire part de nos
projets à votre mari?

HENRIETTE.

Oui, sans doute.... Je lui ai écrit le bien
que je pensais de vous.

CORSIGNAC, *saluant.*

Madame....

HENRIETTE.

Et je suis persuadée que dès qu'ils vous aura
vu, vos excellentes manières, votre air distingué, vos talents achèveront bientôt de le déci-
der à vous donner sa nièce.

CORSIGNAC.

C'est mon plus cher espoir.

PAULINE *accourant.*

Ma tante! ma tante!.. voici quelqu'un qui
vient d'arriver à cheval.

HENRIETTE.

Serait-ce mon mari?

PAULINE.

Je ne crois pas... ce n'est pas ainsi qu'il peut
voyager.

SCÈNE II.

LES MÊMES, GEORGES.

GEORGES, *en dehors.*

Holà! eh! garçon!.. la fille!.. qu'on vienne
prendre mon cheval! (*Entrant.*) Ah! pardon,
mesdames!.. si, dans mon impatience, j'entre si
brusquement.

PAULINE.

Vous n'avez pas besoin d'excuse, monsieur
Georges.

HENRIETTE.

Non, sans doute... Vous venez chercher des
nouvelles de mon mari?

GEORGES.

Je vous en apporte, au contraire... Il ne peut
tarder à arriver... un de mes amis l'a vu ce
matin à six lieues d'ici, demandant des chevaux
de poste.

CORSIGNAC.

Et comment va-t-il?

GEORGES.

Mieux que jamais... l'exercice lui fait du
bien.

HENRIETTE.

Est-il toujours aussi gras?

GEORGES.

Non... son embonpoint l'a quitté en route,
il est déjà diminué de plus d'un tiers.

HENRIETTE.

Ah! mon Dieu!

CORSIGNAC *à mi-voix à Henriette.*

M'étais-je trompé?

GEORGES.

Il fond à vue d'œil... du jour au lendemain...
ses habits deviennent trop larges.

CORSIGNAC.

Je vous l'avais bien dit... c'est une poudre
tellement efficace... qu'on le réduirait à rien...
et même moins que cela, si on voulait... on en
ferait une ombre, une chimère... je ne sais
quoi... Mais il ne faut pas abuser des bienfaits
de la science.

HENRIETTE.

Je le vois, vous êtes un docteur d'un grand
mérite.

CORSIGNAC, *avec modestie.*

C'est ce qu'on dit; mais je ne me permettrais
pas de le répéter.

HENRIETTE.

Oh! entre nous...

CORSIGNAC.

J'avoue que rien ne nous est impossible.

Air de l'eau de six francs.

De miracles notre art se pique,
Et nous pouvons, c'est reconnu,
Changer la taille, le physique,
Et les traits d'un individu
Que le hasard a mal pourvu.
Nous embellissons la nature,
Dont nous réparons tous les torts.

PAULINE, *à mi-voix.*

Ce monsieur devrait bien, alors,
Se donner une autre figure.

GEORGES.

Bah!.. un savant!.. qu'est-ce qu'il en ferait?

PAULINE, *de même.*

Il la ferait voir.

GEORGES, *à part.*

Comme curiosité, il peut déjà montrer la
sienne.

HENRIETTE.

Mon mari va sans doute arriver avec de l'appétit.

CORSIGNAC.

C'est probable... quand on court la poste.

GEORGES.

Il sera bon qu'il trouve le dîner prêt... (*A
part.*) Je n'en serai pas fâché non plus.

CORSIGNAC.

Voulez-vous que je le commande?.. vous savez que je m'y entends.

HENRIETTE.

C'est vrai.

GEORGES, *à part.*

Tous les médecins sont si gourmands.

HENRIETTE.

Vous avez surtout découvert dans cette ville
un pâtissier excellent.

CORSIGNAC.

Oui... un Italien... un élève de M. Félix...
M. Galettino... J'irai moi-même vous chercher de ses gâteaux.

HENRIETTE.

Vous nous ferez plaisir... Je suis sûre que
mon mari sera très-sensible à cette attention.

CORSIGNAC.

Il suffit; je suis bien aise de le prendre par les
sentiments. Je vais chez le pâtissier.

HENRIETTE, *se retournant.*

Eh bien! où est donc ma nièce?

PAULINE, *qui était près de Georges, s'est rappro-
chée de sa tante.*

Me voici, ma tante... Nous causions de la
santé de mon oncle.

HENRIETTE.

Qui vous a fort émue, à ce qu'il me paraît,
car vous êtes toute rouge. (*Montrant Corsignac.*) Donnez la main à Monsieur, et passez
devant moi.

GEORGES.

Mesdames, j'ai bien l'honneur. (*Il fait une
profonde salutation.*)

SCÈNE III.

GEORGES.

Le savant ne me fait pas l'effet d'un grand
docteur avec sa poudre... Je ne crois pas qu'il
l'ait inventée... Il a pour lui la tante, moi j'ai
la nièce, j'aime mieux ça... Tout va dépendre
de mon cher parrain... Heureusement que de
ce côté-là je me suis mis en mesure... je le
tiens. (*Grand bruit dans le fond.*) Eh mais, c'est
lui sans doute... Attention! jouons serré... et
entretenons adroitement les craintes qu'il a
conçues.

SCÈNE IV.

GEORGES, GOBERVILLE, ANDRÉ.

GOBERVILLE, *entrant par le fond.*

C'est une horreur que cet escalier-là!...
c'est un piège tendu aux voyageurs pour qu'ils
se cassent les jambes et qu'ils ne puissent plus
quitter l'auberge une fois qu'ils y sont entrés...
Aujourd'hui, on spécule sur tout.

GEORGES, *à part.*

Eh! il me semble qu'il est passablement dé-
graissé.

GOBERVILLE.

Je pouvais me rompre le cou... si je ne m'é-
tais pas retenu... sur les reins... Je me suis
même écorché.

ANDRÉ.

C'est fort heureux.

GOBERVILLE.

On ne vous demande pas votre avis... c'est
votre faute: pourquoi m'avoir fait descendre dans
cette auberge?

ANDRÉ.

Vous savez bien que Madame vous y attend.

GOBERVILLE.

Assez!.. allez la prévenir de mon arrivée!

ANDRÉ.

Oui, Monsieur.

GOBERVILLE.

Je n'aime pas ce domestique... il vous fait
toujours des réponses... et puis, il a un air de
mystère... Je crois qu'il s'entend avec ma femme,
dont j'ai tant de motifs de me défier.

GEORGES, *à part.*

Bon!.. la tête travaille... c'est ce qu'il faut...

GOBERVILLE, *à lui-même.*

Aller choisir une auberge comme celle-ci...
aux portes de la ville... loin de tout secours...
où l'on est exposé à faire de mauvaises rencon-
tres. (*Il recule en apercevant Georges qui s'a-
vance en lui tendant la main.*) Qu'est-ce qu'il
me veut, celui-là qui me tend la main? (*Il lui
tourne le dos.*)

GEORGES, *allant à lui.*

Ah! ça, vous avez donc la vue bien troublée,
que vous ne me reconnaissez pas!

GOBERVILLE.

Tiens, c'est mon filleul! ce bon Georges! Approche, mon ami, que je te serre dans mes bras.
(*Il l'embrasse.*)

GEORGES.

A la bonne heure! il y a progrès.... Nous
pouvons nous embrasser... Je vois avec plaisir
que la santé...

GOBERVILLE.

Oui... ça va bien... au physique... 50 ki-
los de moins: c'est quelque chose... Mais, au
moral, je suis bourrelé d'inquiétudes; j'en suis
gonflé.

GEORGES.

Il n'y paraît pas.

GOBERVILLE.

Parce que je me serre... et que je tâche de

me faire une raison... Mais, depuis que je t'ai
quitté, je n'ai cessé d'être en proie à un affreux
cauchemar.

GEORGES.

Ah ! bah !

GOBERVILLE.

C'est comme je te le dis... Tu te souviens que,
sur un avis que tu m'avais donné, j'avais quitté
Verdun à la hâte... sans laisser à ma femme
le temps de se reconnaître.

GEORGES.

Vous aviez vos motifs.

GOBERVILLE, *soupirant.*

Oh ! oui... La clarinette me cornait sans
cesse dans les oreilles... Pour couper court aux
sérénades, j'avais résolu d'emmener ma femme
jusqu'à Marseille... A Autun il faut s'arrêter ;
elle tombe malade... Je suis sûr qu'elle ne l'é-
tait pas.

GEORGES.

Vous croyez ?...

GOBERVILLE.

Elle l'aura fait exprès pour ne pas me suivre.

GEORGES.

Et vous l'avez laissée ?

GOBERVILLE.

Hélas !... Dieu sait ce qui s'est passé en mon
absence... pendant que je courais après mes
fonds !

GEORGES.

Quelle situation !

GOBERVILLE.

Ne m'en parle pas ! Enfin, j'arrive à Mar--
seille... Mon banquier venait de partir pour
Bordeaux.

GEORGES.

Ah ! diable !

GOBERVILLE.

Je l'y poursuis sans m'arrêter , sans perdre
haleine... de toute la vitesse des chevaux de
poste... Enfin, je le rejoins... J'entre chez lui,
tout furieux...

GEORGES.

Il y avait de quoi.

GOBERVILLE.

Je le trouve fort tranquille , qui prenait son
chocolat !

GEORGES.

Au moment d'une faillite !

GOBERVILLE.

Non... Il paraît que c'était une fausse alerte,
et que ses affaires allaient bien... C'est égal,
j'ai toujours retiré mes fonds.

GEORGES.

C'était plus prudent.

GOBERVILLE.

Je ne sais trop... car il fallait emporter sur
moi une somme énorme.

GEORGES.

Trois cent mille francs.

GOBERVILLE.

Chut !... si l'on t'entendait !... Moi, qui n'ai
pas cessé d'avoir les voleurs à mes trousses....
Un d'eux, à cheval, m'a suivi pendant toute une
nuit.

GEORGES , *à part.*

C'était moi qui l'escortais.

GOBERVILLE.

Une homme d'une taille gigantesque, une
horrible figure...

GEORGES.

Vous l'avez vu ?

GOBERVILLE.

Je n'ai pas osé le regarder... mais j'ai aper-
çu son ombre sur la route, par un beau clair de
lune... Dès ce moment, je n'ai plus voyagé que
le jour.

GEORGES.

Et la nuit ?

GOBERVILLE.

Je veillais... je m'enfermais dans ma chambre... je me promenais de long en large pour
ne pas dormir... afin d'échapper à mes assas-
sins... car j'en étais entouré.

GEORGES.

C'est une idée !

GOBERVILLE.

Une idée !... Quand chaque soir une main
inconnue jetait dans mon verre d'eau sucrée
une poudre blanche !

GEORGES.

Qu'est-ce que c'était ?

GOBERVILLE.

Un narcotique... du poison, peut-être !...
Je n'ai pas eu envie de m'en assurer.

GEORGES.

Vous n'êtes guère curieux.

GOBERVILLE.

Il faudra bien que je découvre le coupable !

GEORGES.

Vous ne soupçonnez personne ?

GOBERVILLE.

Si... tout le monde ! C'est là ce qui m'em-
barrasse.. Je suis dans un vague affreux !....
J'ai écrit à la police pour la prier de veiller sur
moi... Je suis dans des transes continuelles !...
ni repos, ni appétit, ni sommeil !... Voilà comme je vis depuis deux mois !

GEORGES , *à part.*

Je ne m'étonne pas qu'il soit maigri. Avec ce
régime-là, il n'y a pas de ventre possible...

GOBERVILLE.

Qu'est-ce que tu dis ?

GEORGES.

Que vous devez être rassuré... maintenant
que vous êtes de retour près de votre femme.

GOBERVILLE.

Je n'en sais rien... Une femme dont la con-
duite n'est pas claire et qui reçoit des billets qui
le sont trop... qui se trouve mal quand il faut
suivre son mari... qui prête l'oreille à la clarinette d'un étranger... Une pareille femme est
capable de tout.

GEORGES.

C'est une manière de parler.

GOBERVILLE.

Au surplus, je veillerai sur elle.

GEORGES.

Ça vous sera facile, maintenant que vous êtes
accoutumé à ne pas dormir.

SCÈNE V.

LES MÊMES, HENRIETTE, PAULINE, ANDRÉ.

TOUS.

Air du brasseur de Preston.

Ce jour qui comble notre espoir,
Nous rend votre présence ;
Ah ! qu'il est doux de se revoir
Après deux mois d'absence.

GEORGES, *montrant Goberville.*

L'embonpoint s'est modifié.

GOBERVILLE.

Oui, changeant de système,
J'ai perdu loin de ma moitié,
Les deux tiers de moi-même.

TOUS.

Ce jour qui comble notre espoir, etc., etc.

HENRIETTE.

Allez, nous avons bien pensé à vous pendant votre voyage !.... Que je regrettais de ne pas vous avoir suivi !

GOBERVILLE.

Ce n'est pas ma faute.

HENRIETTE.

Je n'avais ici d'autre distraction que de lire la *Gazette des Tribunaux.*

GOBERVILLE.

Ah ! vous la lisez !

HENRIETTE.

Avec plaisir... Elle nous raconte des procès si effrayants !

GOBERVILLE, *à part.*

Pour les maris... Ça peut donner des idées à ces dames.

HENRIETTE.

Vous n'avez pas été malade en route ?

GOBERVILLE.

Mon Dieu, non !

HENRIETTE.

Pas même indisposé ?... Vous n'avez rien ressenti de particulier ?

GOBERVILLE.

Rien du tout !

HENRIETTE, *d'un air étonné.*

Ah !...

GOBERVILLE, *à part.*

Il paraît que ça l'étonne.

HENRIETTE.

C'est que, moi qui n'étais pas là pour vous soigner, pour vous donner votre verre d'eau sucrée !

GOBERVILLE.

En effet...

HENRIETTE.

Le preniez-vous tous les jours ?

GOBERVILLE.

Mais... oui... ordinairement.

HENRIETTE.

Vous aviez raison... Je sais que vous y tenez beaucoup.

GOBERVILLE, *à part.*

Pas autant qu'elle, à ce qu'il me semble !...
Est-ce que cette poudre blanche ? (*Frissonnant.*)
Hein !... Si c'était un poison lent !

HENRIETTE.

Qu'avez-vous donc ?

GOBERVILLE, *s'efforçant de sourire.*

Moi !... Je sens des tiraillements.

PAULINE.

Effectivement, vous pâlissez, mon oncle !

GOBERVILLE.

Sans doute, parce que j'ai faim.

GEORGES.

C'est qu'il est grandement temps de dîner !

GOBERVILLE.

Voyez donc si l'on ne pourrait pas nous servir.

HENRIETTE.

Tout à l'heure.

GOBERVILLE.

Tout de suite.

GEORGES.

Oui, mon parrain. (*Il sort.*)

SCÈNE VI.

LES MÊMES, *moins* GEORGES.

HENRIETTE.

Vous êtes donc bien pressé.

GOBERVILLE.

Si, comme moi, vous n'aviez pas mangé depuis vingt jours....

HENRIETTE.

Alors, ce ne sont pas quelques minutes de plus ou de moins.... Moi qui me proposais de vous présenter le prétendu de Pauline.

GOBERVILLE.

Il va donc venir ?

PAULINE, *à mi-voix.*

Hélas oui !

GOBERVILLE.

Quelle espèce d'homme est-ce ?

HENRIETTE.

Un homme charmant.

PAULINE, *à mi-voix.*

Horrible !

HENRIETTE.

Qui mérite toute votre confiance.

PAULINE, *de même.*

Défiez-vous en.

GOBERVILLE, *à part.*

Me voilà parfaitement fixé. (*Haut.*) En attendant l'homme charmant, voilà le dîner qui arrive.... Je crois qu'il ne faut pas laisser refroidir,... à table ! (*Il se met à table.*) Je donne l'exemple.

HENRIETTE, *à Pauline qui va pour s'asseoir.*

Et monsieur Corsignac qui ne vient pas.

PAULINE.

Le voilà sans doute.

HENRIETTE.

Nòn, c'est M. Georges.

GOBERVILLE, *à Georges qui entre.*

Mon ami, on a oublié de donner du vin.

GEORGES.

Les maladroits!... Je vais en chercher moi-
même... Je le choisirai. (*Il sort.*)

HENRIETTE, *à Pauline qui veut se mettre à
table.*

Attendez encore un instant.

GOBERVILLE, *à part.*

Ma foi, je vais toujours commencer, j'ai
l'estomac dans les talons. (*Il déplie sa serviette
et trouve un papier.*) Qu'est-ce que c'est que
ça? Un billet pour moi! (*Lisant.*) « Tenez-vous
« sur vos gardes.... » C'est un avertissement de
la police. (*Lisant.*) « On en veut à votre argent
« et à vos jours. » Je le sais bien. « Vous êtes
« poursuivi par un homme dont voici le signa-
« lement. » Bon! je sais maintenant à quoi
m'en tenir. « Il a des complices que nous ne
« connaissons pas, mais qui probablement sont
« près de vous... » Comme c'est agréable!
« Défiez-vous de lui et d'une poudre narcoti-
« que qu'il voudra vous faire prendre. » Je ne
prendrai rien du tout! « Au surplus, nous es-
« pérons arriver à temps. » Mais s'ils allaient
se trouver retardés, ou si leur montre n'allait
pas bien!.. Dire que ma vie va dépendre de
l'horloger de l'administration!

GEORGES, *apportant deux bouteilles.*

Voici du cachet vert! Tout ce qu'il y a de
mieux! (*A Goberville.*) Eh bien! qu'est-ce que
vous faites donc?

GOBERVILLE.

Je me repose.

PAULINE, *allant à la table.*

Vous qui étiez si pressé!....

HENRIETTE.

Que vous ne vouliez pas nous donner un
moment de répit.

GOBERVILLE, *se levant.*

C'est vrai ; mais j'ai réfléchi,... que ce ne
serait pas honnête de dîner seul.

GEORGES.

Comment, seul? (*Se montrant ainsi qu'Henriette et Pauline.*) Voilà ces dames qui vont
vous tenir compagnie.

GOBERVILLE.

Oui ;... mais je veux attendre ce Monsieur ;
vous dites qu'il est si aimable.

HENRIETTE.

Assurément.

GOBERVILLE, *à part.*

Ce sera toujours un de plus pour nous défen-
dre. (*A Pauline.*) Dis-moi seulement s'il est
brave.

PAULINE.

Est-ce que je le sais! Demandez à ma tante,
c'est elle qui le connaît.

HERIETTE.

Eh! arrivez donc, Monsieur.

SCÈNE VII.

LES MÊMES, CORSIGNAC.

CORSIGNAC.

Pardon, belle dame, mais j'ai été obligé d'attendre les gâteaux que je m'étais chargé d'ap-
porter.

HENRIETTE.

(*A Goberville.*) Mon ami, je vous présente
un jeune homme distingué par ses talents et son
mérite.

GOBERVILLE, *à part le regardant.*

Oh ciel! Le signalement qu'on m'a donné...
Le scélérat!

GEORGES, *à mi-voix à Goberville*

Je lui trouve une figure....

GOBERVILLE, *à mi-voix.*

Sinistre.

GEORGES, *à mi-voix.*

Et surtout un nez...

GOBERVILLE, *à part.*

De grand coupable... Il me semble l'avoir
déjà vu quelque part.... Eh oui, le soir,.... au
moment où j'allais partir... quand ma femme
a refermé si vivement la porte.

HENRIETTE.

Allons à table.... (*A Corsignac.*) Vous Monsieur, à côté de moi.

GOBERVILLE, *à part.*

Il ne se le fait pas répéter... Il lui parle à voix
basse.... Plus de doute, ma femme est d'accord
avec la clarinette!

GEORGES.

Eh bien! mon parrain, comment vous trou-
vez-vous.

GOBERVILLE.

Je ne sais trop... Je ne suis pas dans mon assiette.

GEORGES.

Il faut vous y mettre.

HENRIETTE, *à Goberville*

Mon ami, une aile de cette volaille.

GOBERVILLE.

Merci, c'est trop léger.

HENRIETTE.

Une tranche de ce pâté.

GOBERVILLE.

C'est trop lourd.

CORSIGNAC.

Voulez-vous me passer de l'un et de l'autre.

HENRIETTE.

Avec plaisir.

GOBERVILLE, *à part.*

C'est pour m'ôter tout soupçon... Il dé-
vore.... Un appétit factice! Mais je ne suis pas
sa dupe.... Il aura pris du contre poison.

PAULINE.

Cette volaille est excellente.

GOBERVILLE, *à part.*

Ah! mon Dieu! elle en a goûté! elle qui me
dit de me défier... J'ai beau lui faire des si-
gnes.

GEORGES, *qui s'est versé à boire, tendant son assiette.*

Si vous vouliez me passer quelque chose?

CORSIGNAC.

Voici du pâté.

GOBERVILLE, *à mi-voix.*

N'en mange pas. (*Prenant l'assiette de Georges et la donnant à la domestique.*) Enlevez.

GEORGES, *de même.*

Mais je meurs de faim et de soif. (*Il se dispose à boire.*)

GOBERVILLE, *de même.*

Ne bois pas. (*Prenant le verre de Georges et le donnant à la domestique.*) Enlevez.

GEORGES, *de même.*

Ah! ça, permettez.

GOBERVILLE, *de même.*

Je te dirai pourquoi.

GEORGES, *de même.*

Oui, mais en attendant, vous voulez donc que j'aie la pépie?

GOBERVILLE, *de même.*

C'est pour ton bien.

HENRIETTE, *à Goberville.*

Qu'est-ce que vous faites, mon ami? vous n'avez encore rien mangé.

GOBERVILLE.

Je ne puis pas,... la viande me fait mal.

HENRIETTE.

Je vais alors vous envoyer de ces gâteaux.

GOBERVILLE.

Des gâteaux? (*A part.*) Ils ont été pétris par la main du crime.

CORSIGNAC.

Ils viennent de chez le bon faiseur... C'est moi qui les ai été chercher.

GOBERVILLE, *à part.*

Raison de plus... Je devine leur destination: ils ont une mine séduisante et perfide!.. et une odeur...

HENRIETTE.

Mangez!.. ils sont excellents... Goûtez-les donc!

GOBERVILLE, *à mi-voix.*

Elle y pousse, la malheureuse!.. Je vais bien l'embarrasser. (*Haut, lui présentant l'assiette*) Après vous, ma chère amie.

HENRIETTE.

Impossible!

GOBERVILLE.

J'en étais sûr.

HENRIETTE.

Il faut que je prenne un bain ce soir... sans cela...Mais vous en mangerez pour nous deux.

GOBERVILLE.

Oui... (*A part*) Prends-y garde!.. Quelle dissimulation! le sourire sur les lèvres et la noirceur dans l'âme. (*Il laisse tomber l'assiette qui contient tous les gâteaux : tout le monde se lève.*)

PAULINE.

Qu'est-ce, mon oncle?

GEORGES.

Que vous arrive-t-il?

GOBERVILLE.

Rien... un éblouissement! Ça n'aura pas de suites.

HENRIETTE.

Comme vous êtes tremblant!

GOBERVILLE.

Ce sont les nerfs.

CORSIGNAC.

Si je vous préparais une potion calmante.

GOBERVILLE.

Je n'en veux pas... Je me sens disposé au sommeil.

HENRIETTE.

Ça se trouve bien... votre chambre est prête dans l'endroit le plus retiré de la maison.

GOBERVILLE.

Je n'irai pas.

HENRIETTE.

Pourquoi donc?

GOBERVILLE.

Parce que je suis fort bien ici.

CORSIGNAC.

Où il entre sans cesse du monde.

GOBERVILLE.

Justement, j'aime la société.

HENRIETTE.

Quelle folie!

PAULINE.

Si ça l'arrange.

GOBERVILLE.

Je passerai la nuit... sur ce canapé... Mon filleul restera près de moi.

GEORGES.

Avec plaisir, mon parrain.

GOBERVILLE.

Nous avons à causer ensemble!... Ainsi... (*Il leur fait signe de s'éloigner*).

CORSIGNAC.

Voilà une singulière idée!

HENRIETTE, *à mi-voix.*

Ne le contrarions pas... il est un peu original.

CORSIGNAC.

Je m'en aperçois.

PAULINE.

Nous vous laissons, mon oncle.

GOBERVILLE.

C'est bien... (*A mi-voix à Pauline*) Toi, va prendre du café à l'eau sans sucre.

PAULINE.

Pour quelle raison?

GOBERVILLE, *à mi-voix.*

Prends-en beaucoup... Je ne te dis que ça. (*A part*) Ça combattra le narcotique.

TOUS.

Air : De la Valse de Robin des Bois.

Nous vous laissons dans cet asile;
Puisse bientôt selon nos vœux,
Un sommeil doux, frais et tranquille,
Venir ici fermer vos yeux!

(*Corsignac, Henriette et Pauline remontent la scène et sortent par le fond; Goberville les accompagne et referme la porte avec soin.*)

SCÈNE VIII.

GOBERVILLE, GEORGES.

GEORGES, *prenant un des gâteaux et en mangeant la moitié.*
Ma foi, ça sera toujours ça de pris.

GOBERVILLE.
Grand Dieu ! qu'est-ce que tu fais-là ?

GEORGES.
Vous le voyez bien... je prends un à-compte.

GOBERVILLE, *lui arrachant le gâteau.*
Malheureux !

GEORGES.
Pourquoi m'avez-vous empêché de manger ?

GOBERVILLE.
Parce qu'il y allait de ton salut... et du mien.

GEORGES.
Comment cela ?

GOBERVILLE.
Je te l'expliquerai plus tard...

GEORGES, *à part.*
Allons !.. une dernière ruse !

GOBERVILLE.
M'aimes-tu, Georges ?

GEORGES.
Oui, mon parrain.

GOBERVILLE.
Il faut que tu fasses ici l'office d'un bon filleul.

GEORGES.
Oui, mon parrain.

GOBERVILLE.
Que tu sautes par cette fenêtre.

GEORGES.
Oui... mon parrain. (*Il se laisse tomber sur un fauteuil.*)

GOBERVILLE.
Mon Dieu, comme tu bâilles !

GEORGES.
Je vous écoute.

GOBERVILLE, *lui frappant sur l'épaule.*
Georges !

GEORGES, *d'une voix éteinte.*
Mon parrain.

GOBERVILLE.
Eh bien ! voilà tes yeux qui se ferment !

GEORGES, *de même.*
Oui, mon parrain.

GOBERVILLE, *essayant de le secouer.*
Mon ami, réponds-moi donc !.. Est-ce que tu ne m'entends pas ? hein ?.. Il dort comme une marmotte... et il n'a mangé que la moitié du gâteau... Que faire ? quel parti prendre ? A moi !.. au secours !... (*Se mettant la main sur la bouche*) Chut !.. Quelle imprudence !... S'ils entendent ma voix, s'ils arrivent, c'est moi qu'ils immoleront, puisqu'ils ont juré ma perte... Je suis entouré... toutes les portes me sont fermées... (*Montrant une fenêtre*). Si je sautais par cette fenêtre !

GEORGES, *à part.*
Il n'y aurait pas pensé il y a deux mois.

GOBERVILLE.
Essayons ! (*Il se dirige vers la fenêtre.*)

GEORGES, *de même.*
Ce que c'est que d'avoir maigri !

GOBERVILLE, *ouvrant la fenêtre.*
Dieu ! il y a un homme en bas, au-dessous de la fenêtre... Monsieur ! monsieur ! n'ayez pas peur !... je ne viens pas vous déranger... il y a ici des voleurs !.. allez chercher du secours... Hein ? m'avez-vous entendu ?.. Oui... le voilà qui part à toutes jambes... il va prévenir les autorités... Pourvu qu'elles arrivent assez tôt ! (*Il se promène avec agitation.*)

GEORGES, *à part.*
Comme il arpente, comme il est leste !

GOBERVILLE.
Il règne ici une odeur de crime... qui pourtant ne l'empêche pas de dormir.

GEORGES, *toujours les yeux fermés.*
O doux espoir ! ô bonheur !

GOBERVILLE.
Et encore il fait un joli rêve ! Le moment est bien choisi ! Il faut qu'il ait bien peu de cœur.

GEORGES, *éternuant.*
Attchua !

GOBERVILLE.
Dieu te bénisse, malheureux ! et moi aussi (*Écoutant.*) O ciel ! on se dirige de ce côté !.. ils s'attendent à me trouver endormi... que vont-ils dire ?.. Ah ' une idée lumineuse... il faut leur faire prendre le change... c'est un moyen de gagner du temps... Ce restant de gâteau, feignons de l'avoir mangé... fermons les yeux et tenons-nous immobile sur ce canapé. (*Il s'asseoit sur le canapé du côté opposé à Georges, et un peu plus en avant; il tient à la main une moitié de gâteau.*)

* * *

SCÈNE IX.

LES MÊMES, HENRIETTE, ANDRÉ, *tenant un flambeau.*

HENRIETTE.
Avançons avec précaution. (*S'approchant de Goberville et le contemplant.*) Comme il est changé !

ANDRÉ.
Ce n'est pas étonnant.

HENRIETTE.
Tu as donc bien exécuté ce que je t'avais dit

ANDRÉ.
Oui, Madame... tous les soirs, une pincée d poudre dans son verre d'eau sucrée.

GOBERVILLE, *à part.*
C'était lui !.. c'était elle !..

ANDRÉ.
Les résultats ont été prompts.

HENRIETTE.
Honneur à M. Corsignac !

GOBERVILLE, *à part.*
La Clarinette... son complice !

HENRIETTE.
Il voulait me donner quelque chose de plus actif pour en finir... mais nous n'en aurons pas besoin.

GOBERVILLE, *à part.*
Ils ont un autre moyen de m'achever.

HENRIETTE *à une domestique qui sort de l'étuve un thermomètre à la main.*
Eh bien ! tout est-il prêt ?

SUZANNE, *lui montrant le thermomètre.*
Pas encore... mais nous en avons déjà 40, et tout-à-l'heure 62.

HENRIETTE, *regardant le thermomètre.*
C'est là qu'il faut arriver.

GOBERVILLE, *à part.*
Quarante voleurs !.. et tout-à-l'heure 62 !.. quelle bande !.. Et la police qui ne se doute de rien.

HENRIETTE *à Suzanne.*
Allez recommander de chauffer.

SUZANNE.
Oui, Madame. (*Elle sort.*)

GOBERVILLE.
Il y a aussi des chauffeurs dans la troupe.

HENRIETTE *à André.*
Et vous, suivez-moi. (*Elle sort avec André.*)

SCÈNE X.

GOBERVILLE, GEORGES, PAULINE.

(*Au moment où Henriette sort par le fond, Pauline entre par la gauche et s'avance avec précaution.*)

PAULINE.
Ils dorment tous deux... (*Voyant Georges qui se lève, elle pousse un cri.*) Ah !

GEORGES, *à mi-voix.*
Je vous ai fait peur.

PAULINE.
Non, mais mon oncle qui peut s'éveiller...

GEORGES, *de même.*
Je l'en empêcherai bien. (*S'approchant de Goberville et grossissant sa voix.*) S'il s'éveille, il est mort ! (*Il retourne près de Pauline et cause avec elle à voix basse.*)

GOBERVILLE, *à part.*
Fermons les yeux !.. c'est la Clarinette !.. je reconnais son embouchure.

PAULINE, *bas à Georges.*
J'ai besoin de croire à cette espérance.
(*Tous deux continuent de parler bas.*)

GOBERVILLE.
C'est l'indigne amant de ma femme. (*Prêtant l'oreille.*) Je n'entends rien... (*Georges baise la main de Pauline.*) Si !.. le bruit d'un baiser... Fermons les yeux !..

HENRIETTE, *dans la coulisse.*
Eh bien !.. en finira-t-on bientôt ?

GOBERVILLE.
Quelle impatience d'être veuve.

PAULINE, *à voix basse.*
C'est ma tante... je me sauve.

GEORGES.
Et moi aussi ! (*Il sort par le fond, et Pauline par la gauche du théâtre.*)

SCÈNE XI.

GOBERVILLE, *seul et les yeux fermés.*
Il m'a semblé qu'on s'éloignait... oui... pas le moindre bruit... Ouvrons les yeux... il y a assez longtemps que je les ferme... Ils sont partis... (*Il se lève.*) mais pas pour longtemps... Ils vont venir me chercher. (*On entend le bruit des sabres qui traînent sur les marches de l'escalier.*) Dieu ! viendraient-ils déjà ?.. Oui, de ce côté... Où fuir, où me cacher ? (*Apercevant la porte de l'étuve.*) Ah ! (*Il s'y réfugie et referme vivement la porte.*)

SCÈNE XVII.

HENRIETTE.

(*entrant par la gauche, Corsignac, un brigadier, plusieurs gendarmes, entrant par le fond.*)

HENRIETTE, *vivement à Corsignac.*
Qu'est-ce donc ?.. qu'y a-t-il ? expliquez-moi...

CORSIGNAC.
J'étais dans la cour, quelqu'un de la maison m'a crié du haut de cette fenêtre, d'une voix sourde : il y a ici des voleurs !

HENRIETTE.
Des voleurs !..

CORSIGNAC.
J'ai couru chercher du secours, et je ramène les gendarmes.

HENRIETTE.
Ah ! mon Dieu !... me voilà toute tremblante.

LE BRIGADIER.
Rassurez-vous... nous aurons bientôt mis la main dessus. (*A Corsignac.*) Dites-moi seulement où ils sont cachés.

CORSIGNAC.
Parbleu ! si je le savais !..

LE BRIGADIER.
Nous en serons quittes pour fouiller toute la maison. (*Aux gendarmes.*) Camarades, commencez par l'appartement de Madame... moi, je reste en observation dans cette pièce.

CORSIGNAC.
Je vais vous conduire !.. (*Aux gendarmes.*) Passez devant... j'aime mieux ça.

LE BRIGADIER, *aux gendarmes.*
Arche !..

TOUS, *à mi-voix.*

Air : La bonne affaire. *(Du Domino Noir).*

Avec mystère
Il faut agir...
C'est nécessaire
Pour réussir.
Que l'on saisisse
Ceux dont l'aspect
A la justice
Sera suspect.

*(Corsignac et Henriette sortent à gauche, précédés
par les gendarmes.)*

SCÈNE XIII.

LE BRIGADIER, *puis* GOBERVILLE.

LE BRIGADIER.

Ma main commençait à se rouiller dans l'inac-
tion... Il y a plus de six mois qu'elle n'a opéré
une capture un peu pittoresque, que je puisse
faire insérer dans le journal du département...
Il faut ça de temps en temps... ça entretient
notre popularité... et je ne manquerai pas le
coche. *(Regardant la porte de l'étuve.)* Il me
semble qu'on agite cette porte... qu'on essaie
de l'ouvrir avec violence... Attention !

GOBERVILLE, *sortant de l'étuve, pâle, amaigri,
la chevelure aplatie, et tout en sueur.)*

Ouf!... il était temps, je n'en puis plus!...
Je suis à moitié mort!... la frayeur, la cha-
leur et la moiteur...

LE BRIGADIER, *à part.*

Cet individu m'est suspect.

GOBERVILLE.

Ils m'ont perdu de vue... je vais prendre la
clef des champs.

LE BRIGADIER.

Halte là !

GOBERVILLE.

Un gendarme !

LE BRIGADIER, *à part, le regardant.*

Il ne s'attendait pas à me rencontrer.

GOBERVILLE.

J'en suis enchanté, au contraire... et je bé-
nis votre uniforme.

LE BRIGADIER.

C'est ce que nous verrons... nous avons à
causer ensemble.

GOBERVILLE, *s'essuyant le front.*

A la fenêtre, si ça vous était égal.

LE BRIGADIER, *le retenant.*

Du tout... *(A part.)* Pour qu'il me glisse entre les doigts. *(Haut.)* Qu'est-ce que vous faisiez
là ?

GOBERVILLE.

Je transpirais...

LE BRIGADIER.

Quelle réponse... ça fait suer.

GOBERVILLE

Je voudrais vous demander...

LE BRIGADIER.

C'est moi qui vous interroge... Votre état ?

GOBERVILLE

Ex-négociant, voyageant pour son plaisir.

LE BRIGADIER.

Ça se voit du reste ; vous avez des papiers ?

GOBERVILLE, *les lui donnant,*

Un passeport.

LE BRIGADIER.

Bien!.. Votre nom?

GOBERVILLE.

Goberville de Verdun.

LE BRIGADIER.

Allons donc! Je connais monsieur Goberville... Il a passé par ici il y a deux mois.

GOBERVILLE.

C'était moi.

LE BRIGADIER.

Vous!... Il était si gros qu'on a voulu le
faire entrer au bureau de l'octroi.

GOBERVILLE.

Justement.

LE BRIGADIER.

On supposait qu'il cachait de la contrebande
sous ses habits.

GOBERVILLE.

Et on n'y a trouvé qu'un ventre énorme.

LE BRIGADIER.

Qu'est-il devenu ?

GOBERVILLE.

Je l'ai perdu en route.

LE BRIGADIER.

A d'autres.

GOBERVILLE.

Mais vous avez mon passeport.

LE BRIGADIER.

C'est justement ce qui vous condamne ; le signalement ne vous ressemble pas.

GOBERVILLE.

Par exemple !

LE BRIGADIER, *lisant.*

« Très-gras, très-gros, face rebondie, joues
« pendantes. »

GOBERVILLE.

Elles sont tombées.

LE BRIGADIER.

En vérité !

GOBERVILLE.

La preuve, c'est que voilà les habits que je
portais, et que j'ai été obligé de faire rétrécir.

LE BRIGADIER, *les prenant dans sa main et lui
prouvant qu'ils sont trop larges.*

Il y paraît... Vous direz que c'est pour vous
qu'ils ont été faits?

GOBERVILLE.

Certainement.

LE BRIGADIER.

Vous les avez volés avec ce passeport.

GOBERVILLE *se débattant.*

Permettez, brigadier...

LE BRIGADIER.

Mais vous ne prendrez pas autre chose....

Vous êtes pris... Je vous tiens et je ne vous
lâche pas.

GOBERVILLE.

Aïe! aïe! aïe! Vous m'étranglez.

~~~~~~

SCÈNE XIV.

LES MÊMES, HENRIETTE, CORSIGNAC,
PAULINE, GEORGES, LES GENDARMES.

HENRIETTE.

Que vois-je!... mon mari!

PAULINE.

Mon oncle!

GEORGES.

Mon parrain aux prises avec la gendarmerie.

CORSIGNAC, *à mi-voix au brigadier.*

Vous vous méprenez, c'est monsieur Goberville.

LE BRIGADIER *à part.*

Ce n'est pas un voleur; je suis floué. (*Haut
à Goberville.*) Je vous ai fait mal, peut-être.

GOBERVILLE.

Du tout!... Ça m'a fait plaisir, moralement
parlant... Je vois que quand vous ne vous
trompez pas, vous tenez ferme (*apercevant
Corsignac et reculant.*) Ah!... Empoignez-moi
cet homme-là.

HENRIETTE.

Monsieur Corsignac?

CORSIGNAC.

Moi!

GOBERVILLE.

C'est un affreux scélérat!

CORSIGNAC.

Monsieur...

HENRIETTE.

Y pensez-vous?

GEORGES.

Pour affreux, je ne dis pas; il n'y a qu'à le
regarder... mais pour scélérat!....

LE BRIGADIER.

J'ai la preuve du contraire, c'est lui qui est
venu me chercher.

GOBERVILLE.

C'était une ruse.

CORSIGNAC.

Je ne serais pas venu me jeter à la gueule
du loup.

HENRIETTE.

Et je réponds de sa moralité.

GOBERVILLE.

Belle caution!

HENRIETTE.

Comme vous pouvez répondre de ses talents... car c'est lui, ingrat! qui vous a débar-
rassé de l'embonpoint qui vous étouffait.

GOBERVILLE.

Comment cela!

HENRIETTE.

Avec les poudres qu'on vous jetait sans vous
rien dire dans votre verre.

GOBERVILLE.

Je ne les ai jamais prises.

HENRIETTE.

Qui se trouvaient aussi dans certains gâteaux.

GOBERVILLE.

Que je n'ai pas mangés.

CORSIGNAC.

Il se pourrait!

GOBERVILLE..

Et la preuve, c'est que je meurs de faim.

LE BRIGADIER, *lui frappant sur le ventre.*

C'est vrai, ça sonne creux.

HENRIETTE,

Mais alors, qui donc a opéré ce prodige?

CORSIGNAC.

Qui vous a si promptement réduit à rien?

GEORGES, *s'avançant.*

Moi, Monsieur!.... Moi qui avais secrètement entrepris sa cure, et qui, pour cela, l'ai fait
courir, voyager, jeûner, trembler... et l'ai
soumis enfin à une foule de tribulations salu-
taires.... J'espère qu'en voyant le résultat,
mon parrain me pardonnera les souleurs que je
lui ai données.

GOBERVILLE.

Comment, malheureux! Ce cornet à piston,
ce séducteur, cette faillite, ces brigands...

GEORGES

Pures suppositions, moyens curatifs pour ra-
viver chez vous l'activité du sang.

GOBERVILLE.

Mais c'est épouvantable!

GEORGES.

Je vous conseille de vous plaindre.... la cure est superbe!... (*Le mesurant dans ses deux
mains.*) Elle est complète... Vous voilà maintenant avec une taille de guêpe.

GOBERVILLE.

C'est vrai (*Sautant.*) Je me sens disposé à
m'envoler.

HENRIETTE.

Vous pourrez à présent me conduire au
bal.

GEORGES.

Cela mérite bien une récompense,.... et il
vous reste à me compter les cent mille francs
que vous m'avez promis.

GOBERVILLE.

Plaît-il?

GEORGES.

Sans doute... Ils me sont dus... C'est
écrit, c'est imprimé, voilà le journal; mais je
ne les accepte qu'avec la main de votre nièce...
Ce sera sa dot.

GOBERVILLE.

Je crois bien; il y gagne.

CORSIGNAC.

Un instant! Il me semble aussi que j'ai des
droits....

GEORGES.

Fort douteux ;.... car elle refuserait de les
reconnaître. (*Pauline baisse les yeux.*) Vous
voyez bien... Croyez-moi, entrons en ar-
rangements... Vous renoncez à sa main, moi
à ma découverte... Vous êtes médecin, je vous
~~~~~~

ède mon secret... Retournez à Paris, publiez à votre compte le prodige que je viens d'opé—er... Embouchez toutes les trompettes de la renommée.... Il y a une fortune à faire en exploitant avec adresse ma recette contre l'em-onpoint.

CHŒUR FINAL.

Air de la contredanse de *Lucie de Lamermoor.*

C'est pour vous une chance belle,
De réussir en peu de temps ;
Vous aurez une clientelle
Parmi tous les hommes puissants.

CORSIGNAC.

Je pourrai, si la chance est belle,
Faire fortune en peu de temps,
Puisque j'aurai ma clientelle
Parmi tous les hommes puissants.

GOBERVILLE, *au public.*

Air : J'en guète un petit de mon âge.

Messieurs, notre pièce est finie ;
Son auteur, en homme prudent,
La recommande et la dédie
A ceux dont le ventre est saillant.
Peut—être, en cette circonstance,
Les maigres seront contre nous...
Gens bien portants, gras, dodus, venez tous ;
Vous ferez pencher la balance.

FIN

Imprimerie d'A. HENRY, rue Git-le-Cœur 8.